Für

Von

No. 28

Schöner lesen!

Sammlung AUGUSTINA

MIX
Papier aus verantwortungsvollen Quellen
FSC® C144853

ISBN 978-3-649-64229-9

Hafenweg 30, 48155 Münster, Germany

Grafische Gestaltung: Daniela Lengers Grafik-Design, Laer

Redaktion: Kreativlektorat Daniela Vogel, Finnentrop

www.coppenrath.de

DIE GANZE WELT IST VOLLER WUNDER

Gedichte & Geschichten

COPPENRATH

In den kleinsten Dingen
zeigt die Natur die allergrößten
Wunder.

CARL VON LINNÉ

Schönheit ist der Sinn der Welt.
Schönheit genießen heißt, die Welt zu verstehen.

OTTO JULIUS BIERBAUM

Natur, Schönste von allen!
Du bringst Schönheit hervor,
sogar da, wo niemand hinsieht.

AUS GRIECHENLAND

Jeder Baum, jede Hecke
ist ein Strauß von Blumen,
und man möchte zum Maienkäfer werden,
um in dem Meer von Wohlgerüchen
herumschweben und alle seine Nahrung
darin finden zu können.

JOHANN WOLFGANG VON GOETHE

WUNDER

Dass die Lerchen wieder singen,
dass sich Schmetterlinge schwingen,
gelb und schwarz mit goldnem Saum,
dass sich grüne Gräser treiben,
auch nicht eins zurück will bleiben,
    man glaubt es kaum.

Dass sie bricht, die starre Binde,
dass die lauen Abendwinde
Knospen zieh'n aus Busch und Baum,
dass die Amsel tiefe, volle
Töne durch die Wälder rolle,
    man glaubt es kaum.

Dass man durch die Luft, so milde,
Kinderschaaren, liebe wilde,
jauchzen hört im fernen Raum –
lang im dumpfen Haus gesessen,
aber schnelle, schnell vergessen –
    man glaubt es kaum.

FRIEDRICH THEODOR VON VISCHER

WENN DU
MÄRCHENAUGEN
HAST,
IST DIE WELT
VOLL WUNDER.

VICTOR BLÜTHGEN

Die Ruhe der Seele
ist ein herrliches Ding
und die Freude
an sich selbst.

JOHANN WOLFGANG VON GOETHE

Den Puls des eigenen Herzens fühlen.
Ruhe im Innern, Ruhe im Äußern.
Wieder Atem holen lernen,
das ist es.

CHRISTIAN MORGENSTERN

Nimm dir Zeit.

Ein Acker, der ausruhen konnte,
liefert eine prächtige Ernte.

OVID

Es liegt eine wunderbare
Heilkraft in der Natur.
Oft gibt der Anblick eines schönen
Abendhimmels, der Duft einer Blume,
der bedrückten Seele
Hoffnung und Lebensmut zurück.

SOPHIE ALBERTI

DIE GLOCKE IM MEER

Ein Fischer hatte zwei kluge Jungen,
hat ihnen oft ein Lied vorgesungen:
Es treibt eine Wunderglocke im Meer,
es freut ein gläubig Herze sehr,
das Glockenspiel zu hören.

Der eine sprach zu dem andern Sohn:
Der alte Mann verkindet schon.
Was singt er das dumme Lied immerfort;
ich hab manchen Sturm gehört an Bord,
noch nie eine Wunderglocke.

Der andre sprach: Wir sind noch jung,
er singt aus tiefer Erinnerung.
Ich glaube, man muss viel Fahrten bestehn,
um dem großen Meer auf den Grund zu sehn;
dann hört man es auch wohl läuten.

Und als der Vater gestorben war,
fuhren sie weg mit braunblondem Haar.
Und als sie sich grauhaarig wiedertrafen,
dachten sie eines abends im Hafen
an die Wunderglocke.

Der eine sprach, verdrossen und alt:
Ich kenne das Meer und seine Gewalt.
Ich hab mich zuschanden auf ihm geplagt,
hab auch manchen Gewinn erjagt;
läuten hört ich es niemals.

Der andre sprach und lächelte jung:
Ich gewann mir nichts als Erinnerung;
es treibt eine Wunderglocke im Meer,
es freut ein gläubig Herze sehr,
das Glockenspiel zu hören.

RICHARD DEHMEL

Nach dem Sternenhimmel
ist das Größte und Schönste,
was Gott erschaffen hat,
das Meer.

ADALBERT STIFTER

Himmel und Meer,
in einen unermesslichen Blick vereinigt,
ist vielleicht das größte und erhabenste Bild,
das unsere Seele fassen kann.

CHRISTOPH MARTIN WIELAND

Die Sonne ging unter. Welch ein Schauspiel: Auf dem Meere ruhend und darin eintauchend, entzündete sie dasselbe samt der Luft des Horizonts, und die beiden geschiedenen Elemente schienen sich vereinigt zu haben in das des Feuers. Ist die See schön, wenn die Morgen- oder Mittagsonne sie beleuchtet, so ist sie es noch unendliche Male mehr beim Untergange. Die Wellen haben ihr sanftes Grünlichblau abgelegt und spielen, von der Sonne schräg beleuchtet, in allen Farben des Regenbogens. Blau und rot und grün und golden schwamm es um uns her, und ich dachte mir, im Feenlande zu sein bis die Sonne hinabgegangen war, und die Herrlichkeit des Tages unterging in ein düsteres Grau.

FRANZ GRILLPARZER

Die Welt ist ein Buch,
und wer nicht reist,
liest davon nicht eine einzige Seite.

AUGUSTINUS VON HIPPO

Bleibe nicht am Boden heften,
frisch gewagt und frisch hinaus!
Kopf und Arm mit heitern Kräften,
überall sind sie zu Haus;
wo wir uns der Sonne freuen,
sind wir jede Sorge los;
dass wir uns in ihr zerstreuen,
darum ist die Welt so groß.

JOHANN WOLFGANG VON GOETHE

Wer an der Küste bleibt,
kann keine neuen Ozeane entdecken.

FERDINAND MAGELLAN

Nur *Reisen* ist Leben,
wie umgekehrt das Leben Reisen ist.

JEAN PAUL

DU KANNST DIR

GAR NICHT VORSTELLEN,

WELCHE

SEHNSUCHT UND LUST

ZU REISEN ICH HABE.

CARL SPITZWEG

AUSFAHRT

Berggipfel erglühen,
Waldwipfel erblühen
vom Lenzhauch geschwellt;
Zugvogel mit Singen
erhebt seine Schwingen;
ich fahr in die Welt.

Mir ist zum Geleite
in lichtgoldnem Kleide
Frau Sonne bestellt;
sie wirft meinen Schatten
auf blumige Matten;
ich fahr in die Welt.

Mein Hutschmuck die Rose,
mein Lager im Moose,
der Himmel mein Zelt;
mag lauern und kauern,
wer will, hinter Mauern;
ich fahr in die Welt.

JOSEPH VICTOR VON SCHEFFEL

Der Weg ist immer besser
als die schönste Herberge.

MIGUEL DE CERVANTES

*Man reist ja nicht,
um anzukommen,
sondern um zu reisen.*

JOHANN WOLFGANG VON GOETHE

Nur auf's Ziel zu sehn
verdirbt die Lust am Reisen.

FRIEDRICH RÜCKERT

Schildkröten können dir
mehr über den Weg erzählen als Hasen.

AUS CHINA

Wer ans Ziel kommen will,
kann mit der Postkutsche fahren,
aber wer richtig reisen will,
soll zu Fuß gehen.

JEAN-JACQUES ROUSSEAU

WALDFRIEDEN

Mich lockt der Wald mit grünen Zweigen
aus dumpfer Stadt und trüber Luft;
es lockt mit seiner Sänger Reigen,
mit seinem feierlichen Schweigen
und seiner Blüten mildem Duft.
Es wölbt sich stolz der Buchen Krone,
und über Kiesel rollt der Bach;
die Drossel pfeift auf grünem Throne,
es spielt der Wind mit Orgeltone
im dichtverschlungenen Blätterdach.
Und welch ein Reichtum in den Weisen,
die in dem kühlen Waldeszelt
bald in Akkorden, milden, leisen,
und bald in vollern mächtig preisen
die reiche, wunderbare Welt!
Am fernen Abhang stehn die Föhren,
dort ruht der Hirsch im kühlen Tann;
sie stimmen auch in vollen Chören,
um nicht die Harmonie zu stören,
ein feierliches Loblied an.

Es fliegt ein Falke durchs Gehege
mit lautem und mit heiserm Schrei;
den starken Fittich schlägt er träge,
hoch über ihm zieht seiner Wege
ein stolzer königlicher Weih.
Und Stille, wie in Kirchenhallen,
senkt sich auf Waldung, Tal und Flur;
des Abends dunkle Schleier fallen,
im trauten Zwielicht hörst du schallen
den lauten Ruf des Uhus nur.
Dann steigt der Mond mit goldnem Scheine
am blauen Himmelsdom empor
und streut sein Gold rings auf die Haine,
auf Feld und Flur, auf grüne Raine,
und auf das düstre, stille Moor.
Die Ruhe, die das All umschlungen,
zieht auch in deine Seele ein;
der innere Zwiespalt ist verklungen,
du hast den Frieden dir errungen,
des Herzens Saiten tönen rein.

HEINRICH ZEISE

Natur

spricht laut in Wort und Schrift,
du musst nur Windeswehen
und Duft und Klang
und Wald und Trift
und Fels und Meer
verstehen.

HERMANN ROLLETT

AUS EINEM APRIL

Wieder duftet der Wald.
Es heben die schwebenden Lerchen
mit sich den Himmel empor,
    der unseren Schultern schwer war;
zwar sah man noch durch die Äste den Tag,
    wie er leer war, –
aber nach langen, regnenden Nachmittagen
kommen die goldübersonnten
neueren Stunden,
vor denen flüchtend an fernen Häuserfronten
alle die wunden
Fenster furchtsam mit Flügeln schlagen.

Dann wird es still. Sogar der Regen geht leiser
über der Steine ruhig dunkelnden Glanz.
Alle Geräusche ducken sich ganz
in die glänzenden Knospen der Reiser.

RAINER MARIA RILKE

MORGENANDACHT

Sehnsucht hat mich früh geweckt;
wo die alten Eichen rauschen,
hier am Waldrand hingestreckt,
will ich dich, Natur, belauschen.

Jeder Halm steht wie erwacht;
grüner scheint das Feld zu leben,
wenn im kühlen Tau der Nacht
warm die ersten Strahlen beben.

Wie die Fülle mich beengt!
So viel Großes! So viel Kleines!
Wie es sich zusammendrängt
in ein übermächtig Eines!

Wie der Wind im Hafer surrt,
tief im Gras die Grillen klingen,
hoch im Holz die Taube gurrt,
wie die Blätter alle schwingen,

wie die Bienen taumelnd sammeln
und die Käfer lautlos schlüpfen –
oh Natur! Was soll mein Stammeln,
seh ich all das dich verknüpfen:

Wie es mir ins Innre dringt,
all das Große, all das Kleine,
wie's mit mir zusammenklingt
in das übermächtig Eine!

RICHARD DEHMEL

DER LETZTE TRAUM DER ALTEN EICHE

Im Walde hoch an dem steilen Ufer, hart an der offenen Meeresküste, stand eine recht alte Eiche. Sie war dreihundertfünfundsechzig Jahr alt, allein die lange Zeit war dem Baume nicht mehr als ebenso viele Tage uns Menschen sind. Wir wachen am Tage, schlafen in der Nacht und haben dann unsere Träume; mit dem Baume ist es anders, er durchwacht die drei Jahreszeiten, erst gegen den Winter kommt sein Schlaf. Der Winter ist seine Ruhezeit, ist seine Nacht nach dem langen Tage, welcher Frühjahr, Sommer und Herbst heißt.
An manchem warmen Sommertage hatte die Eintagsfliege rings um seine Krone getanzt, gelebt, geschwebt und sich glücklich gefühlt und ruhte dann aus einen Augenblick in stiller Glückseligkeit, das kleine Geschöpf, auf einem der großen frischen Eichenblätter; dann sagte der Baum stets: „Arme Kleine! Nur ein einziger Tag ist dein ganzes Leben! Wie so gar kurz! Es ist doch traurig!“

„Traurig? – Was meinst du damit?“, fragte dann stets die Eintagsfliege. „Um mich her ist’s ja wunderbar hell, warm und schön, das macht mich froh!“

„Aber nur einen Tag – dann ist alles aus!“

„Aus!“, wiederholte die Eintagsfliege. „Was heißt aus? Bist du auch aus?“

„Nein, ich lebe vielleicht Tausende von deinen Tagen und mein Tag sind ganze Jahreszeiten! Das ist etwas so Langes, dass du es gar nicht ausrechnen kannst!“

„Nein, denn ich verstehe dich nicht! Du hast Tausende von meinen Tagen, aber ich habe Tausende von Augenblicken, in denen ich fröhlich und glücklich sein kann! Hört denn alle Herrlichkeit dieser Welt auf, wenn du stirbst?“

„Nein“, sagte der Baum, „die währt gewiss viel länger, unendlich länger, als ich zu denken vermag.“

„Aber dann haben wir ja gleich viel, nur dass wir verschieden rechnen!“

HANS CHRISTIAN ANDERSEN

MAN SOLLTE
ANTEIL NEHMEN AN
DER FREUDE,
DER SCHÖNHEIT,
DER FARBIGKEIT
DES LEBENS.

OSCAR WILDE

Diese Welt,

die wir Erde nennen, ist die Welt des Humors; ihre beiden Pole sind Lachen und Weinen; die Achse, um welche sie sich dreht, ist der Genuss; die Sonne, um welche sie fliegt, die Schönheit, Freiheit oder Liebe, der wechselnde und kalte Mond ihr Verstand, der Frühling ihre Freude, der Winter ihr Schmerz.

ADOLF GLASSBRENNER

Verzage nicht, wenn das *Leben* stürmt.
Aus dem Verworrenen
geht Schönheit und Ordnung hervor.

ERNST WAGNER

Ich bin in einer neuen Welt
und befinde mich darin umso besser,
je weniger die alte nach meinem Sinne war.
Dieses Kommen und Gehen,
dieses Schauen und Genießen; bei Gott!
Ich könnte mein ganzes Leben so zubringen,
obwohl nichts dabei herauskäme, denke ich.

FRANZ GRILLPARZER

Am Ende werden wir den Berg gerade deshalb lieben, weil er uns das Äußerste abverlangt hat und für einen kostbaren Augenblick hoch über das Alltagsleben erhoben hat und uns die Schönheit einer Strenge, einer Macht und einer Reinheit gezeigt hat, die wir nie erfahren hätten, hätten wir dem Berg nicht ins Angesicht gesehen und mit ihm gekämpft.

FRANCIS YOUNGHUSBAND

EIN GRÜNES BLATT

Ein Blatt aus sommerlichen Tagen,
ich nahm es so im Wandern mit,
auf dass es einst mir möge sagen,
wie laut die Nachtigall geschlagen,
wie grün der Wald, den ich durchschritt.

THEODOR STORM

Ruhe

Nur eine Stunde von Menschen fern,
nur eine einzige Stunde!
Statt der tönenden Worte des Waldes Schweigen,
statt des wirbelnden Tanzes der Elfen Reigen,
statt der leuchtenden Kerzen den Abendstern,
nur eine Stunde von Menschen fern!

Nur eine Stunde im grünen Wald,
nur eine einzige Stunde!
Auf dem schwellenden Rasen umhaucht von Düften,
gekühlt von den reinen balsamischen Lüften,
wo von ferne leise das Echo schallt,
nur eine Stunde im grünen Wald!

Nur eine Stunde im grünen Wald,
nur eine einzige Stunde!
Wo die Halme und Blumen sich flüsternd neigen,
wo die Vögel sich wiegen auf schwankenden Zweigen,
wo die Quelle rauscht aus dem Felsenspalt,
nur eine Stunde im grünen Wald!

AUGUSTE KURS

Das *Herrliche* hat aber die Natur,
wie man auf sie losgeht,
dass sie immer wahrer wird,
sich immer mehr entfaltet,
immer neu erscheint,
ob sie gleich die alte, immer tiefer,
ob sie gleich immer dieselbe bleibt.

JOHANN WOLFGANG VON GOETHE

DIE SCHÖNE BUCHE

Ganz verborgen im Wald
kenn ich ein Plätzchen, da stehet
eine Buche, man sieht schöner
im Bilde sie nicht.
Rein und glatt, in gediegenem Wuchs
erhebt sie sich einzeln,
keiner der Nachbarn rührt ihr
an den seidenen Schmuck.
Rings, so weit sein Gezweig
der stattliche Baum ausbreitet,
grünet der Rasen,
das Aug' still zu erquicken, umher;
gleich nach allen Seiten
umzirkt er den Stamm in der Mitte;
kunstlos schuf die Natur
selber dies liebliche Rund.
Zartes Gebüsch umkränzet es erst;
hochstämmige Bäume,
folgend in dichtem Gedräng,
wehren dem himmlischen Blau.

Neben der dunkleren Fülle des Eichbaums
    wieget die Birke
ihr jungfräuliches Haupt
    schüchtern im goldenen Licht.
Nur wo, verdeckt vom Felsen,
    der Fußsteig jäh sich hinabschlingt,
lässet die Hellung mich ahnen
    das offene Feld.

– Als ich unlängst einsam,
    von neuen Gestalten des Sommers
ab dem Pfade gelockt,
    dort im Gebüsch mich verlor,
führt ein freundlicher Geist,
    des Hains auflauschende Gottheit,
hier mich zum ersten Mal, plötzlich,
    den Staunenden, ein.
Welch Entzücken!
    Es war um die hohe Stunde des Mittags,
lautlos alles,
    es schwieg selber der Vogel im Laub.

Und ich zauderte noch,
    auf den zierlichen Teppich zu treten;
festlich empfing er den Fuß,
    leise beschritt ich ihn nur.
Jetzo, gelehnt an den Stamm
    (er trägt sein breites Gewölbe
nicht zu hoch),
    ließ ich rundum die Augen ergehn,
wo den beschatteten Kreis
    die feurig strahlende Sonne,
fast gleich messend umher,
    säumte mit blendendem Rand.
Aber ich stand und rührte mich nicht;
    dämonischer Stille,
unergründlicher Ruh
    lauschte mein innerer Sinn.
Eingeschlossen mit dir
    in diesem sonnigen Zauber-
Gürtel, o Einsamkeit, fühlt ich
    und dachte nur dich!

EDUARD MÖRIKE

Regenbogen über den Hügeln einer anmutigen Landschaft

Grau und trüb und immer trüber
kommt das Wetter angezogen; –
Blitz und Donner sind vorüber,
euch erquickt ein Regenbogen.

Frohe Zeichen zu gewahren
wird der Erdkreis nimmer müde;
schon seit vielen tausend Jahren
spricht der Himmelsbogen: Friede!

Wilde Stürme, Kriegeswogen
rasten über Hain und Dach;
ewig doch und allgemach
stellt sich her der bunte Bogen.

JOHANN WOLFGANG VON GOETHE

ES GIBT
SCHÖNHEIT
IN DER NATUR,
DIE MAN NICHT
NACHAHMEN
KANN.

ANGELIKA KAUFFMANN

Das Glück ist nicht
in einem ewig lachenden Himmel zu suchen,
sondern in ganz feinen Kleinigkeiten,
aus denen wir unser Leben
zurechtzimmern.

CARMEN SYLVA

Wenn es von der
Sonnenwärme
aus den Tälern und den Wäldern dampft,
wie warm schwillt da auch das Menschenherz!
Diese fantasieschwangeren Nebel,
was gebären sie alles!

RICHARD DEHMEL

Wenn ich alles Große genau betrachte, so sehe ich, dass es aus lauter Kleinigkeiten zusammengesetzt ist, und wenn ich ganz genau hinsehe, erkenne ich, dass es so etwas wie eine Kleinigkeit gar nicht gibt.

MICHELANGELO

DER FRÜHLING

Die Sonne glänzt, es blühen die Gefilde,
die Tage kommen blütenreich und milde,
der Abend blüht hinzu, und helle Tage gehen
vom Himmel abwärts, wo die Tage entstehen.

Das Jahr erscheint mit seinen Zeiten
wie eine Pracht, wo Feste sich verbreiten,
der Menschen Tätigkeit beginnt mit neuem Ziele,
so sind die Zeichen in der Welt, der Wunder viele.

FRIEDRICH HÖLDERLIN

Kleinigkeiten sind es,
die Perfektion ausmachen,
aber Perfektion ist alles andere
als eine Kleinigkeit.

HENRY ROYCE

Für einen fantasievollen Menschen
ist jede Kleinigkeit ein Ereignis.

JULIUS LEOPOLD KLEIN

*Nach der Wahrheit
gibt es nichts Schöneres
als die Fantasie.*

ANTONIO MACHADO

Ein einfacher grüner Rain,
dessen Horizont sich
gegen den blauen Himmel abzeichnet,
bedeutet ein wahres Sprungbrett der Fantasie.

CARL SPITTELER

DIE GLÜCKSELIGKEIT DES EINSIEDLERS

Drei Soldaten hatten sich in einem großen Wald verirrt. Verzweifelt suchten sie einen Weg hinaus. Da entdeckten sie eine kleine Hütte, in der ein Einsiedler auf dem Boden kauerte. Sie sahen den Mann an und waren tief berührt, denn das Gesicht des Alten strahlte vor Glückseligkeit.

Die Soldaten grüßten den Einsiedler und einer sprach: „Guter Mann, wir haben uns im Wald verlaufen. Kannst du uns den richtigen Weg zeigen?"

Der Zweite fragte: „Guter Mann, wir haben Hunger, hast du etwas Brot für uns?"

Der Dritte aber rief: „Guter Mann, wir sind erschöpft und unglücklich. Sag uns doch, wie es dir gelingt, so glücklich zu sein?"

Der Alte wandte sich den Männern zu und sprach: „Ich bin immer glücklich!"

Die Soldaten staunten. „In dieser einsamen Hütte mitten im Wald sitzt du ganz allein und bist dabei glücklich? Was ist dein Geheimnis?"

„Das Geheimnis meines Glücks ist hier“, antwortete der Einsiedler und zeigte den Soldaten einen kleinen Durchbruch in der Wand der Hütte. „Seht nur!“
Die Soldaten blickten durch das Loch und sahen einander verwirrt an. „Willst du uns zum Narren halten?“, riefen sie. „Da ist nichts, außer trockenem Geäst.“
„Seht genau hin!“
„Ja, nur ein paar Baumstämme und Zweige. Und dahinter ein kleines Stück vom Himmel!“
Der Einsiedler nickte. „Ja, das ist das Geheimnis meines Glücks: ein kleines Stückchen Himmel!“

AUS FRANKREICH

AUF ALLE HÖHEN
DA WOLLT ICH STEIGEN,
ZU ALLEN TIEFEN
MICH NIEDERNEIGEN.
DIE NAH UND FERNE
WOLLT ICH ERKÜNDEN,
GEHEIMSTE WUNDER
WOLLT ICH ERGRÜNDEN.

WILHELM RAABE

Versenken Sie sich in den Himmel, das Wasser, die Bäume, die Töne und Düfte der Natur. Jedes an sich ist schön. Beobachtend wird sich Ihnen ein tausendfaches Schönheitsbild darstellen. Es gibt nichts, was nicht Spuren von Lieblichkeit, Wohllaut und Ebenmaß trüge!

CHARLES KINGSLEY

Zauber

Die größte Sehenswürdigkeit,
die es gibt,
ist die *Welt* –
sieh sie dir an.

KURT TUCHOLSKY